中国古代货币简史
青少年绘画版

顾 莹 周 博 主编
柳 彤 审订

北京燕山出版社
BEIJING YANSHAN PRESS

图书在版编目（CIP）数据

中国古代货币简史：青少年绘画版/顾莹，周博主编.—北京：北京燕山出版社，2023.12

ISBN 978-7-5402-5570-1

Ⅰ.①中… Ⅱ.①顾…②周… Ⅲ.①货币史—中国—古代—青少年读物 Ⅳ.①F822.9-49

中国版本图书馆CIP数据核字（2020）第003530号

中国古代货币简史：青少年绘画版

主　　编：	顾　莹　周　博
审　　订：	柳　彤
责任编辑：	王　丽　郭　悦　李瑞芳
书籍设计：	周　博　耿中虎　夏　菲　张　蒴
排版设计：	北京麦莫瑞文化传播有限公司
出版发行：	北京燕山出版社有限公司
社　　址：	北京市西城区椿树街道琉璃厂西街20号
邮　　编：	100052
电　　话：	86-10-65240430（总编室）
印　　刷：	北京富诚彩色印刷有限公司
开　　本：	787mm×1092mm　1/16
字　　数：	60千字
印　　张：	7.5
版　　次：	2023年12月第1版
印　　次：	2023年12月第1次印刷
ＩＳＢＮ：	978-7-5402-5570-1
定　　价：	68.00元

版权所有，侵权必究

前言

现代生活中,人们经常要跟"钱"打交道,古代人也是如此。货币(或称钱币)在中国历史的发展过程中扮演着重要的角色,有"一部钱币史,半部历史书"的说法。不要小看一枚小小的钱币,它身上载有中国古代历史上的政治、经济、科技、艺术等多方面的元素。

本书是写给青少年看的书,主要介绍了先秦至隋唐时期的货币发展简史,语言通俗易懂,旨在帮助青少年认识古代钱币,引导他们从钱币演变的角度看待历史,带他们发现一种不同于课本的讲述方式。本书在讲述钱币的过程中将相关历史人物、历史事件、社会制度、文化生活、艺术风格等知识点贯穿进来,并辅以大量图片、绘画,让青少年在轻松的阅读状态下看看古人"花钱的那些事",了解中国古代货币的历史文化。

书中人物介绍

各位看官，鄙人姓孔，名方兄，自幼饱读诗书，学富五车，通晓中国古代货币历史，既知上古货币之起源，又晓百姓日常之花销，只要是中国古代跟钱有关的事儿，问我准没错儿！

孔方兄

兄台好，小弟这厢有礼了！小弟我生来富贵，家财万贯，衣食无忧。唯一的爱好就是收集古钱。可中华文明5000年，历朝历代的钱币，小弟我一时还分不清，问题多多，全仰仗孔兄指教啦！

钱小弟

前言

第一章　从朦胧到初盛——先秦时期的货币　　　　1

　第一节　货币的产生——夏商西周时期　　　　5
　　一、从物物交换说起　　　　5
　　二、原始的实物货币——海贝　　　　8

　第二节　形态各异的货币——春秋战国时期　　　　17
　　一、周天子的"天下"　　　　17
　　二、四大货币体系　　　　18

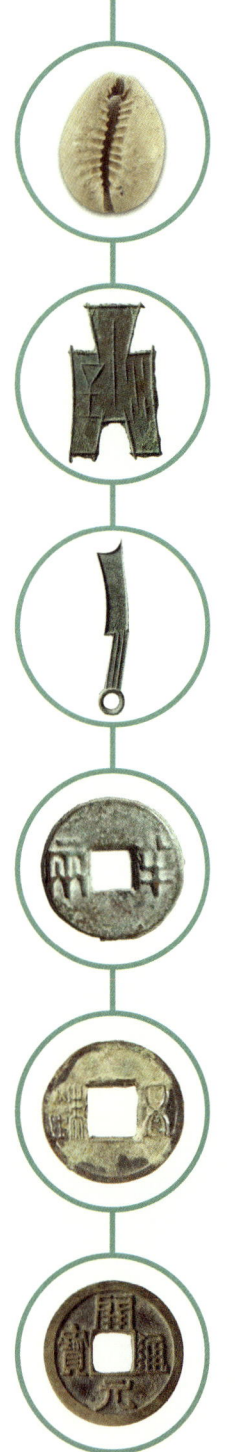

第二章 方圆一统——秦汉时期的货币   29

第一节 "半两"的胜利——秦朝   33
    一、时代的选择   33
    二、几度变更   37

第二节 "五铢"的历程——两汉时期   41
    一、五铢序幕   41
    二、集权铸造   43
    三、黄金闪耀   46
    四、王莽改制   48
    五、走向衰落   54

第三章　乱世交融——三国两晋南北朝时期的货币　63

第一节　各行其道的货币政策——三国时期　67
第二节　混乱无序的货币制度——两晋和南朝时期　69
第三节　良莠不齐的铸币——北朝时期　73

第四章　盛世宝钱——隋唐时期的货币　79

第一节　五铢的终结——隋朝　83
第二节　宝钱的发端——唐朝　87
一、开辟货币新纪元　87
二、"飞钱"的诞生　91
第三节　暂时的衰退——五代十国时期　95

参考文献　107

后记　109

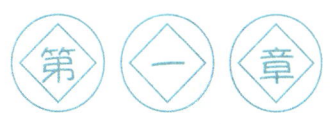

第一章

从朦胧到初盛——先秦时期的货币

在本书中，先秦（约公元前21世纪—公元前221年）主要指夏朝到秦朝建立以前的漫长历史时期，长达1800多年，经历了夏、商、西周，以及春秋、战国等历史阶段。这是中国历史上从原始社会进入文明社会的重要历史阶段。这一时期，中国的先民们创造了光辉灿烂的历史文明，夏商时期的甲骨文、商周时期的青铜器，都是人类文明的历史标志。这一时期的大思想家孔子所代表的儒家和其他诸子百家，开创了中国历史上第一次文化学术的繁荣。这一时期，中国货币也开启了萌生发展的历程。

中国货币历史悠久。原始社会末期，人们有了简单的物物交换，用牲畜、龟甲、贝壳等充当等价物，这是货币的萌芽。自夏朝建立，中国进入奴隶社会，出现了固定充当商品交换媒介的货币。其中贝币成为商周时期主要的实物货币。春秋战国时期，脱胎于生产工具的金属铸币得到长足发展，形成以布币、刀币、圜钱、楚币为特征的四大货币体系。战国时期是封建社会的开端。在货币思想方面，以单旗的"子母相权"论和《管子》的"轻重"论最为著名。

　　先秦是中国货币从实物货币向金属铸币发展的时期，这一时期的货币形态也为中国货币由分散走向统一奠定了基础。

第一章　从朦胧到初盛——先秦时期的货币

第一节　货币的产生——夏商西周时期

一、从物物交换说起

货币是哪个聪明的家伙发明的？

货币可不是谁发明的，它是在商品交换中产生出来的，这个过程很漫长。

在距今5000多年前的原始社会末期,人们开始进行简单的物物交换,比如:用一只羊换两把石斧,说明一只羊的价值等于两把石斧,这就是等价交换。羊和石斧在这里就是商品。

《诗经》里的"物物交换"——抱布贸丝

"氓之蚩蚩,抱布贸丝。匪来贸丝,来即我谋。"这是《诗经·卫风·氓》中的诗句,描写的是一个年轻的小伙子用交换物品(用布换丝)的方式去找自己喜爱的女孩谋划婚事的故事。成语"抱布贸丝"由此而来。《诗经》是反映西周至春秋时期社会生活的一部诗歌总集。"抱布贸丝"就是当时"物物交换"的写照。

第一章 从朦胧到初盛——先秦时期的货币

随着生产工具的进步,生产力水平得到提高,出现了社会分工,有了较多的劳动产品,扩大了物物交换的范围。渐渐地,人们发现直接交换商品越来越难,这就需要有一个大家都愿意接受的商品,用它作为中介,去交换其他商品。我们把这个作为中介的商品称为一般等价物。经过长期商品交换实践的筛选,人们最终选择了一种能固定充当一般等价物的商品,这就是货币。

在中国,大致在新石器时代晚期开始出现牲畜、龟贝、农具等实物货币。夏商周时期,我国的实物货币主要由天然贝壳、布帛等来充当。

物物交换

一般等价物"货币"的出现

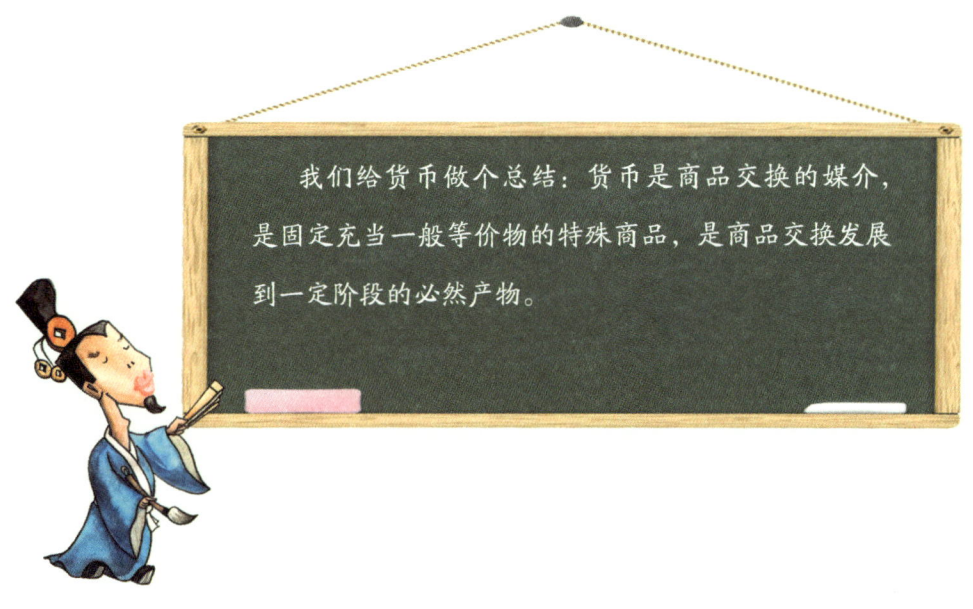

二、原始的实物货币——海贝

"有朋自远方来,不亦乐乎……"

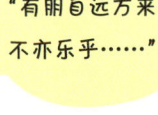

嘿嘿,我说的这个"朋"啊,另有所指……

兄台好雅兴啊!看到朋友来很高兴吧?

哦?说来听听。

第一章 从朦胧到初盛——先秦时期的货币

"朋"字与我国原始的实物货币天然海贝有关。

商朝以前，海贝长期被作为装饰品使用（如海贝项链），真正成为货币是在商到西周时期。这一时期的王朝大都建立在中原地区，远离大海。由于采集和运输不易，海贝数量较少，在当时人们眼中是很贵重的稀罕物，君王经常用海贝来赏赐自己的臣民。在汉字中，与财物相关的字大都与"贝"字有关，比如：货、贩、资、贸、赠……

海贝项链

买 卖 财 赠 贬
宝 赏 贷 贩 赎
赐 赌 贼 赂
……

跟钱有关的字少不了我！

与财物相关的带有"贝"字的汉字

9

为什么先民们要用海贝作为货币呢?

因为海贝具有作为货币的基本条件:第一,海贝有使用价值,可作为装饰品和象征吉利的护身符;第二,海贝有天生单位,可为单个,也可穿成串,便于计数;第三,海贝坚固耐用,方便保存;第四,海贝小巧玲珑,便于携带和转让。当时因捕捞条件、交通运输条件相当落后,海贝的采集和运输十分不易,所以数量不多。人们最初把它们戴在身上用作装饰品,后来渐渐接受用海贝作为交换的媒介——货币。

海贝主要来自我国南海和印度洋,充当货币用的海贝主要是货贝,俗称齿贝,另外还有"虎斑贝""环贝"等。

贝币

贝币正面当中有一道沟槽,为唇齿状,背面光滑隆起。出土的贝币,背面多磨平,有一较大孔洞,可穿绳成串。

虎斑贝

 从朦胧到初盛——先秦时期的货币

商朝后期，商品交易日益兴盛，天然贝币渐渐供不应求，于是出现了以货贝为原型的人工仿制贝，有骨贝、石贝、陶贝、玉贝等不同材质。特别是商朝晚期（公元前11世纪前后），随着铸造技术的发展，出现了我国最早的金属铸币——青铜仿贝，开创了中国使用铜铸货币的先河。

骨贝

不同材质的贝币

11

铜仿贝

贝的计量单位是"朋",这也是我国古代最早的货币单位。据说10贝为1朋。在一些刻有文字的西周青铜器上,就有用贝若干朋的记载。

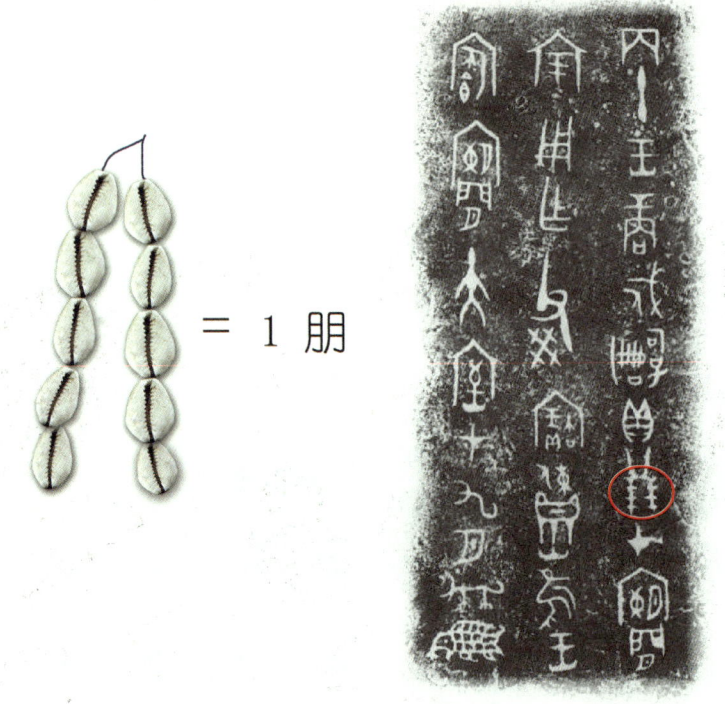

商朝戍嗣子鼎铭文拓片(其中有"朋"字)

知识小彩蛋

西周青铜器上的铭文（指刻在金石器物上的文字）中记载有用贝做交易的情况。

西周"三年卫盉"上关于用贝做交易的铭文（其中有"朋"字）

海贝在商朝之前主要被用作装饰品，商朝到西周之间则被作为货币使用。进

入春秋战国以后,贝币逐渐被金属铸币代替。秦朝统一后,贝币在中原地区停止流通,但在云南地区,直到明末清初仍一直在被使用。

中国使用贝币的时期

第一章 从朦胧到初盛——先秦时期的货币

知识拓展

1. 东西方最早的金属铸币

吕底亚琥珀金、琥珀银

西方：目前考古发现的世界上最早的贵金属铸币，是公元前7世纪吕底亚王国（位于今土耳其境内的小亚细亚半岛）铸造的琥珀金银币。在金属种类中，金、银属于贵金属。

东方：在中国，目前考古发现的最早的金属铸币是青铜贝币，制造于商朝后期，公元前11世纪前后。我国的铜贝在铸造时间上比吕底亚金银币早了400多年。

2. "市集"的由来

"市"是古代进行交易的场所。《周易·系辞下》中说"日中为市，致天下之民，聚天下之货，交易而退，各得其所……"后来的市场、市集就是由此而来的。

商人

15

3. 殷商和"商人"的由来

商中期,盘庚把国都迁到殷(今河南安阳),因此后世称"商"为"殷"或"殷商"。殷商时期,商族人善于经商。周灭商之后,重农轻商,轻视商族人,就把做买卖的人叫作商人,这也是今天"商人"一词的由来。

4. 使用贝币时间最长的地区

云南是我国使用贝币时间最长的地区。云南从战国时期开始使用贝币,直到明末清初,孙可望率领农民军退守云南时,推行"废贝行钱"的政策后,才完全使用铜钱交易。由此算来,贝币在云南使用了 2000 年左右。

秦汉时期,云南为古滇国。海贝在当时十分珍贵,常被用来作为滇王及贵族墓葬的随葬品,并且装在青铜贮贝器或铜鼓之中。

云南晋宁石寨山出土的西汉时期的四牛鎏金骑士铜贮贝器

第二节　形态各异的货币——春秋战国时期

一、周天子的"天下"

历史上以周王室东迁雒邑（周朝都城洛阳的古称）为分界点，将周朝划分为西周和东周两个时期。公元前771年，西周灭亡；公元前770年，东周时期开始。东周又分为春秋和战国两个阶段。

东周时期，周天子成为有名无实的君主，天下诸侯王国纷纷崛起，先后出现"春秋五霸"和"战国七雄"。在思想文化和学术领域，出现了以儒家、道家、法家等为代表的"诸子百家"和"百家争鸣"的局面。

春秋战国时期，商品交换迅速发展，各国交往频繁，货币需求量增多。由于政治分裂，诸侯割据，各地在经济、文化上有着不同的特点，因此铸造和使用的货币在形状、重量、质地上也存在着差异，形成了四种主要的货币体系。

二、四大货币体系

春秋战国时期,不但在思想学术上"百家争鸣",而且在铸造货币上也是"百花齐放",出现了布币、刀币、圜钱、楚币(铜贝币)四大货币体系。

(一)布币体系

布币流行于黄河中游的三晋两周地区,这里是我国古代农业发达的地区。布币是由铲类农具(镈、钱)演变而来的。先秦文字中,"镈"与"布"同声,互相通用,因此人们就把类似铲形的金属铸币称为"布"或"钱"。西周时就已出现未脱离农具原型的原始布,也叫大铲布,厚重粗糙。

布币由铲类农具演变而来,图中货币为原始空首布

第一章 从朦胧到初盛——先秦时期的货币

农具很早就被当作交换物进行交易,所以农耕地区的货币形态就是仿照农具的样子而来的。

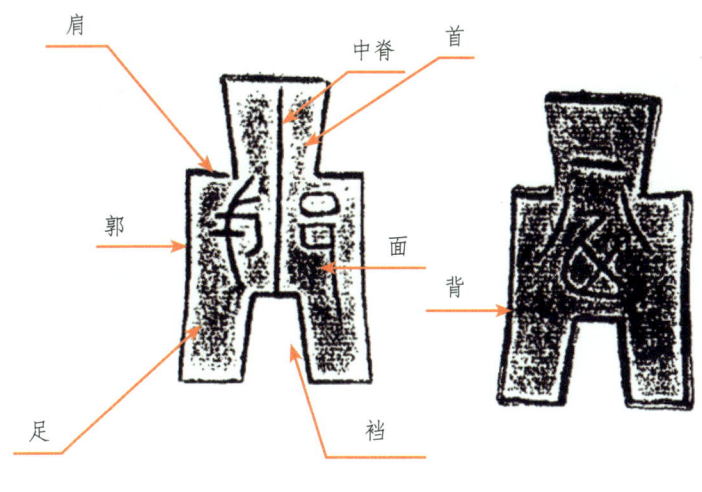

布币各部分名称图

19

春秋时的布币与"镈"在外观上仍有相似的地方，还留有用来安装柄的小孔，故被称为"空首布"。这些布币有耸肩尖足、平肩弧足和斜肩弧足等形状。战国时的布币发展为又薄又小的一片，称"平首布"，有尖足、方足、圆足等形状，其中以三孔圆足布较为独特。大部分布币上有文字。

"卢氏"斜肩空首布

"涅"方足布

"离石"圆足布

"五陉"三孔布，背文"十二朱"

（二）刀币体系

刀币产生和流通于渔猎地区、手工业和商业发达地区，如齐国、燕国和赵国等国。它是从一种生产工具铜刀——"削"演变而来。

削刀的功用卡通图

刀币可分为三个系列：

1. 齐刀系列

又称齐大刀。刀身大而厚重，钱文三到六字不等，其中六字刀最为珍稀。

"安阳之法化"五字齐刀

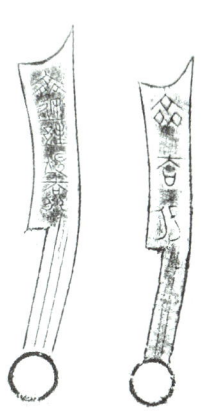

齐刀线描图

2. 燕刀系列

由早期的尖首刀演变为明刀，刀身薄小、细长，刀身大多有文字。明刀是因为刀币正面有"𠀀"或"𠁁"符号，故得此名。

"エ一"尖首刀　　　　　　燕"明"刀

3. 赵刀系列

一般称"直刀"或"圆首刀"，刀体平直短小，刀首圆钝，刀身有文字。

"圁阳化"小直刀

（三）圜钱体系

圜钱是战国中晚期的青铜铸币，又叫"环钱"，学者推测它的原型是纺轮和璧环。圜钱在秦国和魏国较为盛行。

纺轮的使用卡通图

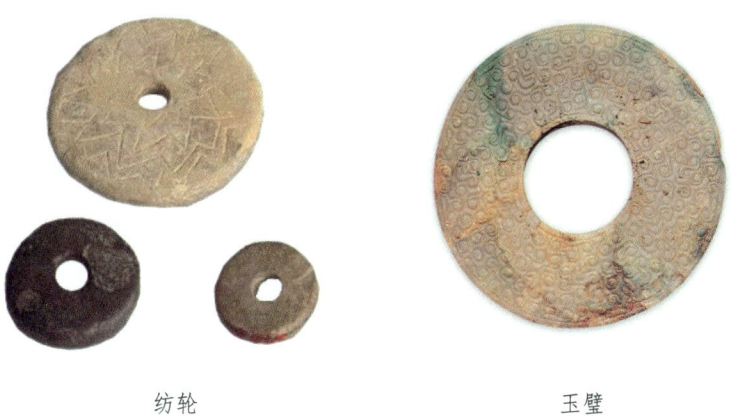

纺轮　　　　　　　　　　玉璧

圜钱是一种较为进步的铸币形式。与有角的布币和刀币相比，圜钱圆而有孔，更适合穿索成串，随身携带。战国后期除楚国外各国多用圜钱，表明货币形制趋向统一于圆形。圜钱上多有文字。

"垣"字圜钱

"桼垣一钣"圜钱

（四）楚币体系

楚在长江中下游地区，它的货币自成系统。楚币主要用铜质仿贝。这种仿贝因上面的文字像蚂蚁趴在人的鼻子上，故被称为"蚁鼻钱"，有的文字的形状奇特，又被称为"鬼脸钱"。

蚁鼻钱

第一章 从朦胧到初盛——先秦时期的货币

好似鬼脸的钱

除蚁鼻铜钱外,楚也铸布币,有大型和小型两种。同时,楚国还使用黄金作为货币,这种黄金货币为扁平块状,因其上戳印"郢爯"(郢是楚都)字样,故名为"郢爯"金版。使用时切成小块,称量后再进行商品交换。

楚郢爯金版(部分)

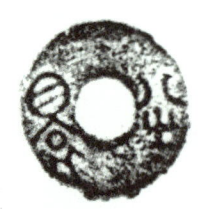
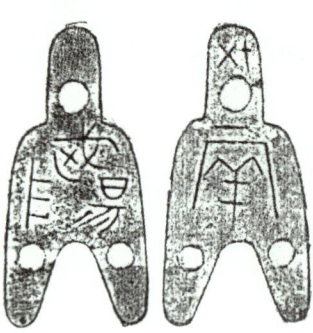
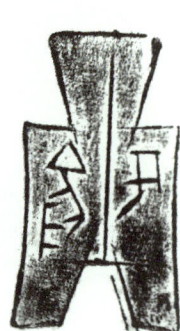

带铭文的钱币拓片

第一章　从朦胧到初盛——先秦时期的货币

五花八门的钱币看着好眼熟啊！古钱币形象在当今社会还在使用吗？

那当然，今天的好多大银行的标志都是钱币形象的"古为今用"呢！

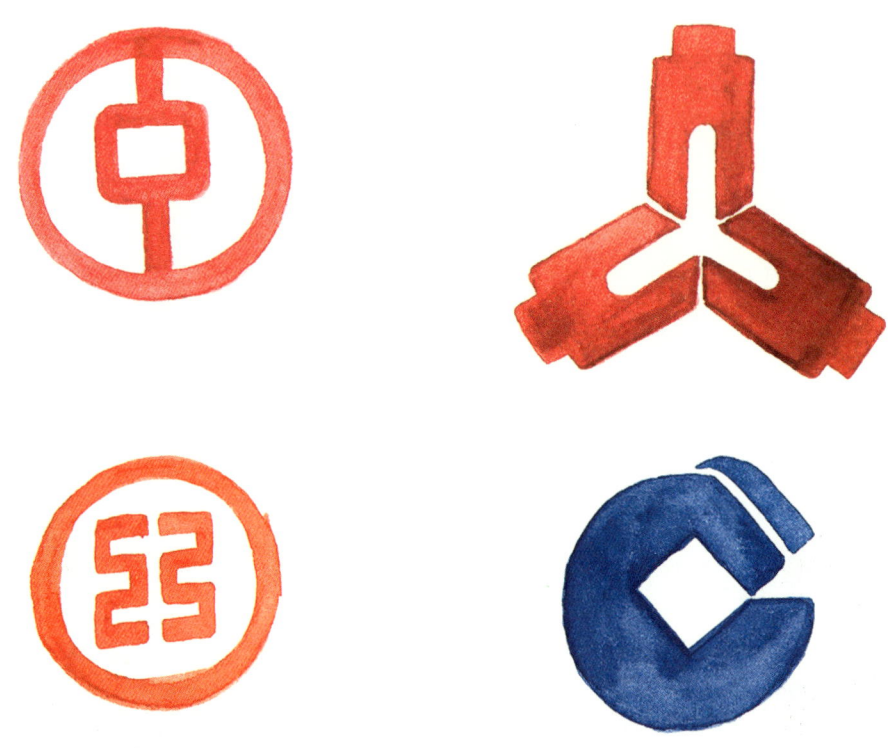

当今社会一些银行的标志与古钱币形状有关

方圆一统——秦汉时期的货币

在本书中,秦汉时期(公元前 221 年—公元 220 年)是指秦汉两朝大一统时期的合称。历史上,汉朝又分为西汉(公元前 206 年—公元 8 年)和东汉(公元 25 年—公元 220 年)两个时期。两汉之交为王莽建立的新朝(公元 9 年—公元 23 年)和刘玄建立的更始政权(公元 23 年—公元 25 年)。

秦汉时期是我国统一多民族国家的形成和初步发展时期。政治、经济、文化的全面发展,奠定了中华文明的世界领先地位。

秦统一中国后,实行了货币的统一,以圆形方孔的半两钱为法定货币。从此以后,这种外圆内方的铜钱在中国使用了 2000 多年,直至近代才被机制铜元取代。半两钱沿用到西汉初期。汉武帝元狩五年(公元前 118 年)改铸五铢钱。五铢钱轻重适中,合乎古代对货币单位的要求,因而在汉武帝以后的两汉一直到隋均有过铸造,历时长达 739 年,是我国历史上铸行数量最多、时间最长、最为成功的"长寿钱"。

两汉之交的王莽时期是中国货币制度极度紊乱的时代。王莽以"托古改制"为名进行了四次币制改革，发行多达37种货币，导致民间交易不顺，物价飞涨，社会经济十分混乱，黎民百姓深受其害。王莽的币制改革最后以失败告终。不过，从钱币工艺角度看，王莽时期的钱币却是古钱币史上的精品。其品种多样，工艺精良，钱文精美。

第二章 方圆一统——秦汉时期的货币

第一节 "半两"的胜利——秦朝

一、时代的选择

公元前221年,秦灭六国后建立起中国历史上第一个统一的中央集权制的封建王朝——秦朝。秦王嬴政改称号为"皇帝",史称"秦始皇"。秦实行法治,采取了一系列政治、经济措施巩固中央集权,如废除分封制,建立郡县制;统一文字、货币、度量衡;修筑长城拒外敌入侵;推行严刑峻法等。由于统治者实施暴政,到秦二世时,人民揭竿起义,公元前206年,秦朝灭亡。

别看秦朝只存在了15年,它对中国历史的影响可是非常巨大的,其中统一货币就具有划时代的意义。

想不到大秦帝国只存在了15年啊!

33

秦统一中国后,颁布货币统一政令。规定:黄金为上币;铜钱为下币;珠玉、龟贝、银锡等为器饰宝藏,不为币。这是中国货币史上的里程碑,结束了先秦时期混乱庞杂的货币体系,将布币、刀币、圜钱、铜贝等货币统一为圆形方孔的形态。自此圆形方孔铜钱在中国流通了2000多年,直至清末才被机制铜元取代。圆形方孔钱不仅被秦朝以后历代王朝沿用,还影响到日本、朝鲜、越南(古代称安南)等周边的国家,他们或直接行用,或效仿铸造,在世界货币领域里,形成了独特的东方货币体系。

秦始皇推行官铸半两卡通图

秦半两是我国最早的全国统一的法定货币。

秦朝法定的铜钱，以铢两为重量单位，名曰"半两"，钱文为小篆书体，据说是丞相李斯所写。半两钱在战国时期的秦国就已铸行，先是圆形圆孔，后改为圆形方孔。秦统一后将半两钱推行到全国，且由官府专铸。统一的货币通行全国，这对促进各民族各地区的经济交流非常有利。

秦半两

货币形制为什么选择外圆内方呢？长期以来，众说纷纭，主要有两种说法：一种说法是天圆地方说，来源于古人的宇宙观。在先秦时期，天圆地方的观念渗透到社会许多领域，对于与国计民生息息相关的货币形制，也会产生深刻的影响。秦的方孔圆钱也许就是这种观念影响下的产物。另一种说法与实际需要相关，因为方孔圆钱可以减少周转磨损，便于加工（打磨毛刺）、携带，且具有平衡、周正的外观美感。

据说铜钱铸成后,一般要穿在方形竹、木条上锉磨边缘。方孔可使铜钱固定在方木条上而不下滑,这样也能提高工作效率。后世人们戏称钱为"孔方兄",就与方孔圆形的铜钱有关。

古代锉钱图

二、几度变更

历史上,半两钱通行于秦朝至西汉前期,约百余年,其间几经更铸,致半两钱大小不一、轻重悬殊。归纳起来有先秦半两、秦半两和汉半两之分。

先秦半两(战国半两)

秦半两

汉半两(四铢半两)

秦汉时期的铜钱是以铢两为单位并命名的。当时的1两等于24铢,半两等于12铢。先秦半两一般重4克左右。秦统一后,法定半两钱应该名称与实际重量相等,因此现在看到的制作精良、文字规整的秦半两,重约8克,大多铸于秦始皇时期。除了重量不同,各时期的半两钱在钱文书写上也有差异。

汉取代秦后，仍沿用半两钱。由于经历了五年楚汉之争，百废待兴，财政困难，而经济和商贸的恢复和发展急需货币流通。因为秦钱过重难用，汉政府先后5次改铸为轻薄的半两钱，还下令允许地方和民间铸钱，导致半两钱的重量大大减少，出现了"八铢半两"、"四铢半两"，甚至小如榆荚的"三铢半两"，其钱径不到1厘米，重量不足1克，被戏称为"榆荚半两"。这样的劣质钱币，必然导致通货膨胀、物价高涨。直到汉武帝时期，废用半两，改铸五铢，货币经济才又走上正轨。

榆荚半两

半两"减重"

1. "市井""泉"与方孔圆钱的关联

有关铜钱形制的说法,除了天圆地方说以外,还有一种"市圆井方"说。这种说法认为方孔圆钱的外圆,代表城市,代表国家;内方代表水井,代表商业贸易。古代人们在井边相聚汲水,进行货物买卖,因此形成市,故称为"市井"。

此外,还有人认为外圆内方是借"周流四方"之意,因此钱也被称为"泉"。《汉书·食货志》说:"故货,宝于金,利于刀,流于泉",意思就是说,钱币的流通像泉水一样潺潺不息。

2. 何谓"孔方兄"

古代铜钱的别称,因钱上有方孔,称"孔方"。西晋文学家鲁褒在他的文章《钱神论》里第一次将钱称作"孔方兄"。文中这样写到:"钱之为体,有乾坤之象,内则其方,外则其圆……故能长久,为世神宝,亲之如兄,字曰孔方。"《钱神论》尖锐地讽刺了钱能通神使鬼、主宰一切的作用。这篇文章引起了愤世嫉俗的人们的共鸣,被广泛传诵。"孔方兄"一词,也成为了"钱"的同义词。

3. 秦朝的《金布律》

1975年在湖北省云梦县睡虎地出土了一批秦朝竹简,记载了秦朝的各种律法,其中就包括与秦朝的金融与货币法律有关的《金布律》。《金布律》是我国最早的货币法令,它在货币管理上的主要内容如下:一是规定了货币的流通种类和规格;二是规定了当时的货币比价;三是规定了货币的储存保管;四是规定了货币的流通使用等。

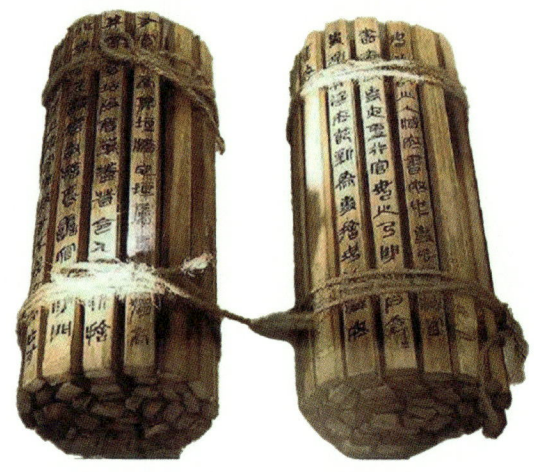

湖北云梦睡虎地秦简

第二节 "五铢"的历程——两汉时期

一、五铢序幕

公元前206年,在楚汉之争中获胜后刘邦称帝,建立汉朝,定都长安(今陕西西安),史称西汉。西汉初期依旧行用半两钱。从汉高祖刘邦元年至汉武帝刘彻元狩五年(公元前206—公元前118年)的80多年间,汉政府为整顿货币,先后多次改铸"半两"钱,使其减重,但均未奏效。民间私铸、盗铸"半两"钱泛滥成风。汉武帝元狩五年(公元前118年),罢除"半两"钱,改行"五铢"钱。

汉武帝

五铢钱轻重适中，合乎古代对货币单位的要求，因此，从西汉到隋朝都铸造过。算下来，五铢钱流通了 700 多年，是中国货币史上使用时间最长、铸造数量最多的钱币。

不得了，五铢真是古钱币领域里的"长寿钱"啦！

你看，五铢钱沿用了多个朝代，700 多年间，尽管王朝更替，所铸钱币都还使用"五铢"这个名称。

 方圆一统——秦汉时期的货币

长寿钱——五铢

二、集权铸造

汉武帝最初是让地方政府铸造五铢钱,称"郡国五铢",但地方铸钱很不规范。元鼎四年(公元前113年),汉武帝做出一个重要决定,不准郡国铸钱,专令上林三官铸造标准的五铢钱,重约4克,钱径2.5厘米,加铸边郭,制作精整。废除以前各种钱币,"令天下非三官钱不得行"。从此,西汉王朝把铸币权集中于中央。

郡国五铢

上林三官是汉朝主管铸钱的三个官职的合称。汉武帝时期在长安皇家园林上林苑设水衡都尉,其下属铸钱机构为钟官(负责掌管铸钱事宜)、辨铜(负责辨别铜色)、均输(负责管理铜锡等铸钱材料的运输),统称为上林三官。他们铸造的标准规范的五铢钱,被称为"上林三官五铢",武帝之后的继任者所铸五铢均沿袭三官钱制。

上林三官五铢

钱范

边郭是指铜钱边缘处高于钱面的一圈边条,有外郭、内郭之分。铜钱加边郭是铸钱工艺的进步,增加边郭可以保护钱文,使文字不易磨损,还可起到防止盗磨铜料的作用。古代有种说法叫"摩钱取鋊（鋊：铜屑）"，指私铸者为了获取铜料，常常磨取铜钱的边缘，再用磨下来的铜屑铸钱。由此可看出，加郭钱更能保证钱的分量充足，为驱逐劣币起到了一定的作用。值得一提的是，中国古代钱币的边郭技术比欧洲出现要早。

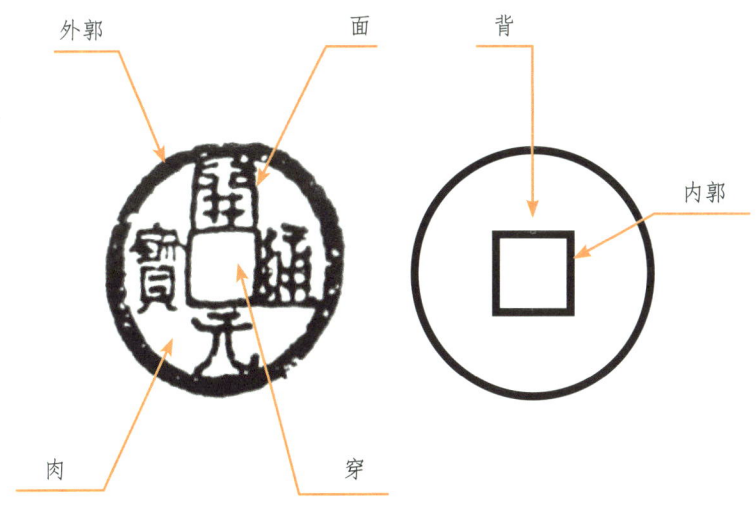

钱币各部分名称图

有郭五铢　　　　　　　　无郭半两

总之，西汉五铢的诞生，是中国货币发展史上的一次重大改革，特别是肯定了封建王朝的集中铸币权,因为自由铸造不利于国家统一和币值稳定。在此后2000多年的封建统治中,铸币权成为巩固皇室权力的一个组成部分。

三、黄金闪耀

除了铜钱,西汉还是中国货币史上使用黄金最盛的王朝。黄金是大额货币,大部分用于赏赐。西汉黄金货币有多种奇特的形态,比如像马蹄似的称"马蹄金",如麒麟脚趾的称"麟趾金",还有圆饼形的称为"金饼"。2011年江西南昌发现的西汉海昏侯刘贺墓出土了大量黄金货币,让我们见识到了真正的"麟趾金"和"马蹄金"的样子。

马蹄金

第二章 方圆一统——秦汉时期的货币

麟趾金

金饼

47

四、王莽改制

西汉末年，外戚王莽篡夺西汉政权，建立新朝。王莽在位15年，先后进行了四次币制改革，铸造了37种货币，堪称"铸币大王"。由于王莽是复古主义者，实行的是托古改制，因此他造的货币形态多模仿战国古币，如刀币、布币等。

第二章 方圆一统——秦汉时期的货币

"铸币大王"王莽卡通图

第一次改革（公元7年），铸造了三种大额货币：一刀平五千、契刀五百、大泉五十，与五铢钱并行。其中名为"一刀平五千"的刀形钱币，俗称"钥匙钱"，1枚可兑换5000枚五铢。

一刀平五千

契刀五百

大泉五十

第二次改革（公元 9 年），废除五铢钱及刀币，铸小泉直一，与大泉五十并行。

小泉直一

第三次改革（公元 10 年），实行宝货制，内容为五物、六名、二十八品。各类钱币间换算复杂。

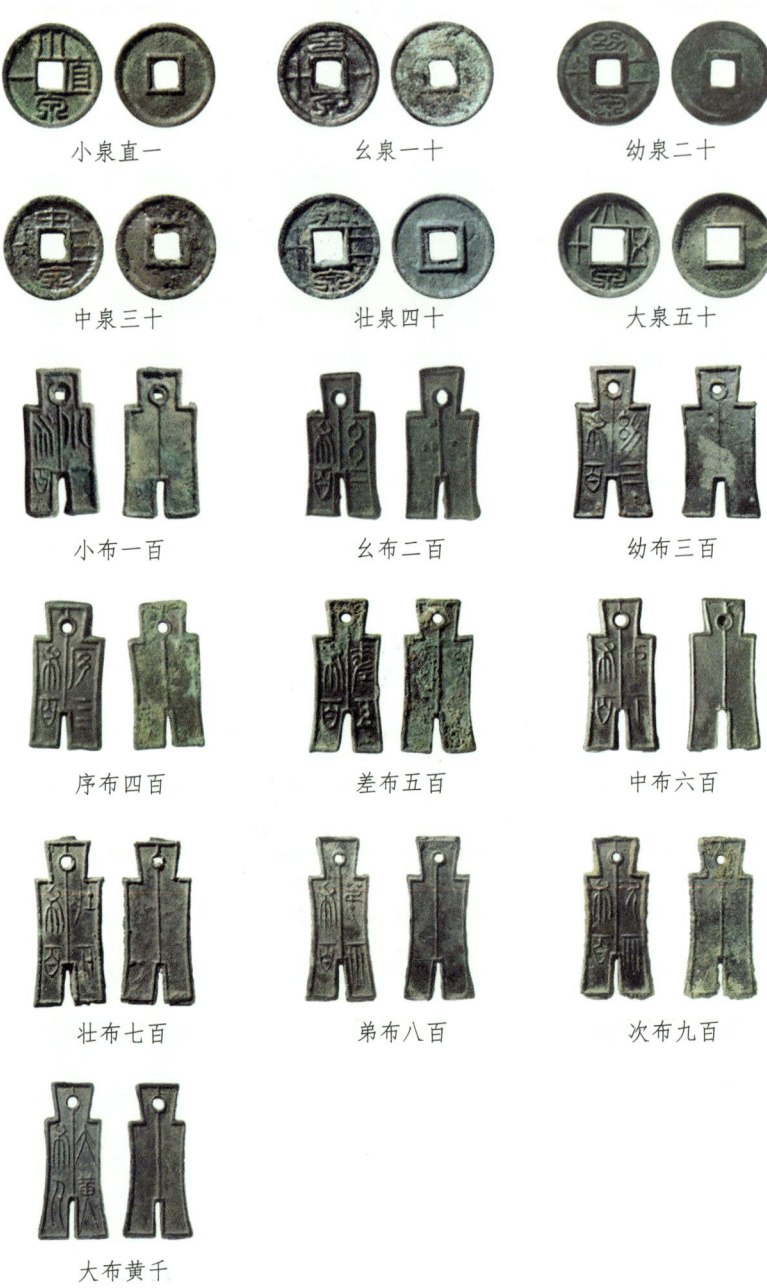

"六泉十布"图

第四次改革（公元 14 年），废大、小钱，另发行货泉、货布两种。

货泉

货布

王莽的宝货制，有金货、银货、龟货、贝货、泉货、布货……还不如以物易物来得明白。

这……经济不混乱才怪！

王莽的四次币制改革，都以失败告终，主要原因在于他的货币政策是脱离实际的，而且他的复古改制带有倒退色彩，因此失败是必然的。

尽管货币改革是失败的，但王莽时代的一系列钱币却是古币里的佳作珍品。如"一刀平五千"的"一刀"两字以黄金填错，故有"金错刀"的美称；货泉、货布等采用精美的"悬针篆"书写。因此，王莽也被誉为"铸钱第一好手"。

五、走向衰落

公元25年，汉朝宗室后裔刘秀统一天下，光复汉室，称"光武帝"，仍用"汉"为国号，定都洛阳，史称东汉。王朝初期经济基础薄弱，社会动荡，半两钱、西汉五铢钱、王莽时期的钱币等杂混在民间流通。建武十六年（公元40年），光武帝刘秀恢复铸行五铢钱。由此可见，五铢钱是两汉时期的法定货币。

尽管两汉都使用五铢钱，但东汉时的五铢钱较西汉时的五铢钱铸造得轻薄、粗糙，一般在3克左右。随着政治、经济形势的不断变化，东汉后期通货膨胀严重，人民生活贫困，统治阶级为了解决经济危机，在灵帝时改铸"四出文"五铢钱。所谓"四出"，是指钱背从方孔的四角向外引出一道阳文直线到达外部，这可能是为了防止锉磨钱背盗铜用的防范技术。由于灵帝贪婪无度，百姓怨声载道，"四出五铢"钱铸行后，人们咒骂说"京师将破，天子下堂，四散而去"。

"四出五铢"钱

东汉末年,民不聊生,甚至出现将一枚五铢钱剪凿成两枚钱用。在献帝时,董卓铸无文小钱,彻底破坏了汉五铢制度,致使原本混乱的币制更加不可收拾,东汉王朝也走向灭亡的边缘,曹操趁机取汉,不久进入了三国时代。

"綖环五铢"和"剪边五铢"

董卓当权时所铸的无文小钱

55

1. 白金三品

白金三品是西汉时期用银锡合金铸造的三种货币。第一种：圆形龙纹，价值3000铜钱（铜钱为四铢半两）；第二种：方形马纹，价值500铜钱；第三种：椭圆形龟纹，价值300铜钱。

白金三品之龙币

白金三品之龟币

白金三品之马币

白金三品货币是虚价货币,即货币本身价值严重超出其实际购买力价值。西汉政府发行白金三品货币的目的是敛财,导致了大量盗铸,仅仅实行了三年就被迫废弃了。

2. 白鹿皮币

汉武帝要求王侯宗室在觐见皇帝或参加重大典礼时,必须遵照古代的礼仪用玉璧作为礼品,并用边长一尺的正方形白鹿皮铺在所献的玉璧下面,即所谓的"皮币",其实就是用白鹿皮做的。

白鹿皮币卡通图

3. 王莽的宝货制

这是王莽第三次币制改革的内容，包括五物：金、银、铜、龟、贝五种质地的币材；六名：金货、银货、龟货、贝货、泉货、布货；二十八品：金货一品、银货二品、龟货四品、贝货五品、泉货六品、布货十品。现在能见到的是泉货六品和布货十品，称"六泉十布"。

六泉：即小泉直一、幺泉一十、幼泉二十、中泉三十、壮泉四十、大泉五十。

十布：即小布一百、幺布二百、幼布三百、序布四百、差布五百、中布六百、壮布七百、弟布八百、次布九百、大布黄千。

王莽宝货制表

五物	六名	二十八品	规格	重量	面值
金	黄金	黄金		重1斤	直10000钱
银	银货	普通银		8两为一流	直1000钱
		朱提银		8两为一流	直1580钱
龟甲	龟宝	子龟	长5寸以上		直100钱
		侯龟	长7寸以上		直300钱
		公龟	长9寸		直500钱
		元龟	岠冉长尺2寸		直2160钱
贝	贝货	贝	不盈寸2分，漏度不得为朋	率枚	直3钱
		小贝	长1寸2分以上	每朋	直10钱
		幺贝	长2寸4分以上	每朋	直30钱
		壮贝	长3寸6分以上	每朋	直50钱
		大贝	长4寸8分以上	每朋	直216钱
铜	货泉	小泉直一	径6分	重1铢	直1钱
		幺泉一十	径7分	重3铢	直10钱
		幼泉二十	径8分	重5铢	直20钱
		中泉三十	径9分	重7铢	直30钱
		壮泉四十	径1寸	重9铢	直40钱
		大泉五十	径1寸2分	重12铢	直50钱
	货布	小布一百	长1寸5分	重15铢	直100钱
		幺布二百	长1寸6分	重16铢	直200钱
		幼布三百	长1寸7分	重17铢	直300钱
		序布四百	长1寸8分	重18铢	直400钱
		差布五百	长1寸9分	重19铢	直500钱
		中布六百	长2寸	重20铢	直600钱
		壮布七百	长2寸1分	重21铢	直700钱
		弟布八百	长2寸2分	重22铢	直800钱
		次布九百	长2寸3分	重23铢	直900钱
		大布黄千	长2寸4分	重1两	直1000钱

4. "盘缠"的由来

古人把方孔圆钱用绳子穿在一起携带,出远门办事要携带很多成串铜钱,于是便把铜钱盘起来缠在腰间,这样较为方便和安全。这种又"盘"又"缠"的旅费被称为"盘缠"。

盘缠

5. 扑满和窖藏

扑满是古人的存钱罐,从汉朝开始在民间使用。古人认为入土为安,通常会挖地窖把贵重的物品埋藏起来。如今出土的大量钱币中有很多是古人的窖藏。

扑满

存钱罐

乱世交融——三国两晋南北朝时期的货币

三国两晋南北朝（公元220年—公元589年），是中国历史上政权更迭最频繁的时期。先是魏蜀吴三国鼎立，后来西晋短暂统一后，经"八王之乱"，被少数民族政权攻灭，北方进入"五胡十六国"时期。晋朝宗室南迁建康（今江苏南京），建立东晋政权，占据南方。这样形成了南北对峙格局，相互之间征战不断。这期间，东晋先后出现宋齐梁陈四个朝代，史称南朝；北方则被拓跋氏建立的北魏统一，后北魏又先后分裂为东魏—北齐、西魏—北周。这一时期，佛教的输入给中国思想文化带来了新的影响。

政权的更迭，导致战乱频仍，经济衰退，货币也呈现出混乱无序的局面，甚至倒退回以实物谷帛为币。这一时期，铸钱数量相对较少，除继续铸行五铢钱外，还涌现出名目繁多的各种钱币，中国第一个年号钱——汉兴钱就出于十六国时。在币材方面，出现了铁钱、铅钱。

此外，钱名也是五花八门，如：直百、大泉当千、孝建四铢、常平五铢、太货六铢、五行大布、永通万国……各朝铸币技术也良莠不齐。

总之，这是乱世交融的时代，也是中国货币由铢两钱制向新的宝文钱制过渡的阶段。

第三章 乱世交融——三国两晋南北朝时期的货币

第一节 各行其道的货币政策——三国时期

三国是汉朝与晋朝之间的一段历史时期，分为曹魏、蜀汉、东吴三个政权。各国不同的经济基础导致不同的货币流通情况。曹魏初期以谷帛为货币，后逐渐恢复流通汉制五铢，币制较为稳定，为西晋统一三国创造了良好的条件。

蜀汉、东吴两国均铸大钱，如蜀铸直百五铢，吴铸大泉五百、大泉当千等。虚值大钱的发行，导致了通货膨胀、政权不稳。

魏、蜀、吴使用的钱币

曹魏五铢

蜀汉直百五铢

东吴大泉二千

第二节 混乱无序的货币制度——两晋和南朝时期

这是中国历史上的一次大动荡时代，也是中国货币史上的大衰退、大混乱时代。西晋（公元265年—公元317年）历时53年。西晋初期，沿用曹魏的货币制度，未见铸币。西晋末年，"八王之乱"引起空前的民族动乱，少数民族纷纷建立各自的政权，北方进入十六国时期。这期间，成汉昭文帝李寿于成都称帝并首铸"汉兴"年号钱，前凉张氏政权铸有凉造新泉。

"汉兴"年号钱

凉造新泉

"年号钱"是什么意思?

中国从汉武帝时开始设立年号,比如"元狩"就是武帝的一个年号。秦汉时期铸币以铢两命名,到两晋南北朝时,开始出现用帝王年号命名的钱币,这种钱币就是"年号钱"。上面说的"汉兴"就是成汉昭文帝李寿的年号。

　　东晋(公元317年—公元420年)是由西晋宗室南迁后建立的王朝。在淝水之战后,南北政权对峙格局形成。东晋在币制上采取大钱小钱并行,大钱多沿用东吴铸币,因厚重被戏称为"比轮",意为大如车轮;小钱以地方铸币为主,如公元318年至公元321年,吴兴沈充铸的大孔小钱,面文"五铢",钱重1.5克左右,因钱面狭小,钱文常写作"五朱"或"五金",俗称"沈郎五铢"或"沈郎钱"。此钱轻小似榆荚,受到世人嘲讽:"榆荚相催不知数,沈郎青钱夹城路"。公元420年,刘裕建立刘宋,东晋灭亡,南朝时期开始。

第三章 乱世交融——三国两晋南北朝时期的货币

沈郎五铢

南朝（公元420年—公元589年）包括宋、齐、梁、陈四朝。这一时期以减重钱为主，且多以年号命名，如宋铸孝建、永光、景和等，其中宋孝武帝刘骏所铸孝建四铢，以薤叶篆书写，钱文纤细柔长，创意脱俗，是钱币书法的又一创新。此外，梁、陈两朝都铸过五铢，而陈五铢更精良。陈钱是南朝钱币中质量最好的，比如居南朝之冠的太货六铢，是陈宣帝时所铸，铜质优良，轮廓整齐，钱文为"玉箸篆"体（此篆书笔画两头粗细均匀，形如筷子），瑰丽匀称。但此钱贬值迅速，引起人们不满，人们便借用钱文中的"六"字模样诅咒皇帝，称此钱是"叉腰哭天子"。结果一语成谶，陈不久就被隋所灭。

孝建四铢

陈五铢

太货六铢　　　　　叉腰哭天子

好形象的"叉腰哭天子"!

第三节　良莠不齐的铸币——北朝时期

公元 439 年，北魏太武帝拓跋焘统一北方，结束了"五胡十六国"局面，南北朝时代开始。北朝（公元 386—公元 581 年）先后有北魏、东魏、西魏、北齐、北周等政权，其间铸行过多种货币。北朝货币官私混铸，工艺良莠不齐，其中一些官铸货币，艺术水准较高，是继王莽钱币之后又一精品铸币高峰。

北魏孝文帝拓跋宏是我国历史上著名的改革家。他摒弃鲜卑旧制，实行汉化措施，促进了我国北方各民族的融合。孝文帝在太和年间铸行"太和五铢"，此后，东魏、西魏、北齐三朝分别铸有年号五铢。这些五铢钱，有的薄小，被称为"鸡目五铢"或"鹅眼五铢"；有的则制作精良，在文字书写方面，别具匠心，如"永安五铢""常平五铢"等，其中"安"和"平"字的第一笔，都借用了方孔内郭的下边框，颇具设计感。

太和五铢

鸡目五铢

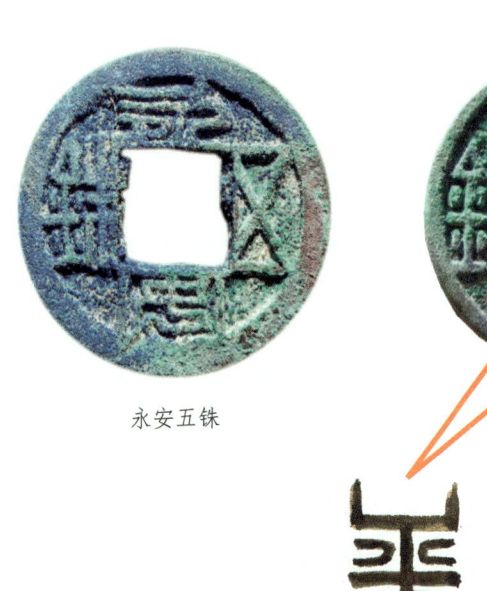

永安五铢　　　　　常平五铢

"平"字减笔描
此乃设计中的
"共形"

74

第三章 乱世交融——三国两晋南北朝时期的货币

北周灭西魏后，武帝对币制进行改革，分别铸造了"布泉""五行大布"和"永通万国"。这三种钱币是魏晋南北朝钱币的佳作，被誉为"北周三品"。它们铸工精良，采用玉箸篆体，篆法精妙，美轮美奂，艺术价值极高。尽管北周钱的艺术价值很高，但因为它们都是虚值钱，"布泉"1枚当西魏五铢5枚，"五行大布"当"布泉"10枚，"永通万国"当"五行大布"10枚，即1枚"永通万国"要合500枚五铢钱，当时老百姓不愿意使用，民间交易依然使用绢布、黄金等。

北周三品之永通万国

北周三品之五行大布

北周三品之布泉

玉箸篆也称"玉筯篆"，是小篆的一种。箸，指筷子。因其字体笔画圆如玉箸，故名"玉箸篆"。

三国两晋南北朝时期的币制，呈现的是混乱和衰退，但这一时期也是中国货币由铢两制向宝文钱制过渡的阶段，中国古代货币史上的一个新纪元即将开始。

75

1. 铁钱的出现和使用

中国的铁钱自西汉时开始铸造,西汉早期就铸有掺杂铅铁的半两钱。两汉之际,公孙述在四川铸铁五铢。王莽货币中也有铁质大泉五十和货泉。南朝时梁武帝开始大规模铸行铁钱。此后,历朝均有使用。

2. 六朝

指的是三国两晋南北朝时期南方的六个朝代,分别是三国的东吴、东晋、南朝的宋、齐、梁、陈。他们的都城都在建康(今江苏南京),因此南京也被称为"六朝古都"。

3. 北魏佛教

魏晋南北朝时期是佛教传入中国并得到迅速发展的重要时期。这期间出现了大量佛教石窟艺术,比较知名的是位于山西大同的云冈石窟。

山西大同的云冈石窟大佛

4. "文"与"贯"的出现

先秦两汉时期,单个铜钱没有名称,通常说若干钱。到魏晋南北朝时期,单个钱开始称为"文",数目较小的钱,就说若干文。此时还出现了"贯"这一计量单位,1贯=1000文。南朝梁的《殷芸小说》中载有"腰缠十万贯,骑鹤上扬州"的故事,我们现在熟悉的"腰缠万贯"一词就是由此而来的。

5. 青蚨的传说

东晋干宝的志怪小说《搜神记》中有一则神话,提到南方有一种飞虫叫青蚨,长得像蝉而比蝉稍大。此虫可以食用,味道鲜美。其卵必须产在草叶上,如蚕卵大小,如果有人将卵取走,其母必然飞来,不管距离有多远,如果人们将这种虫子的血液涂抹在钱币上,那么就可求得源源不断的钱币,久而久之,青蚨就成了钱币的代名词了。中国不少老字号店铺的名字中都有"蚨"字,如北京的"瑞蚨祥"绸布店。

盛世宝钱——隋唐时期的货币

隋唐（公元581年—公元907年）是中国历史上一个全面繁荣兴盛的阶段。隋朝开通的大运河，不仅促进了南北的经济交流，还成为沟通亚洲内陆"丝绸之路"和海上"丝绸之路"的枢纽。唐朝经过唐太宗李世民的"贞观之治"和唐玄宗李隆基的"开元盛世"，政治、经济、文化高度发展，进入中国封建社会的鼎盛时期。公元755年，安禄山、史思明叛乱，"安史之乱"使唐王朝由盛转衰。公元907年，朱温灭唐自立，历史进入了五代十国时期。直到公元960年，北宋王朝建立，国家由分裂重新走向统一。

隋唐盛世在很多方面都取得了辉煌的成就，在货币领域内也掀开了新的篇章。这一时期，伴随着隋的灭亡，铢两钱的最后代表——隋五铢退出了历史舞台，取而代之的是唐武德年间铸造的"开元通宝"钱，意为开辟新纪元。至此，我国的金属铸币正式脱离了以重量为钱币名称的体系，而以"通宝""元宝""重宝"命名，进入"宝文钱制"时代。开元通宝成为唐朝以后1000多年的铜钱楷模。五代的南唐和闽当时也曾铸造过开元通宝。此外，开元通宝钱还影响到周边国家和地区，比如日本就效仿其铸造了"和同开珎"钱。

这一时期，海上和陆路"丝绸之路"的开通，促进了中外贸易的发展。中国货币输出的同时，许多国外钱币也流入唐朝境内，丰富了货币经济市场。此外还出现了中国最早的汇兑业务——飞钱。在铸币技术方面，除采用传统的范铸法、叠铸法，唐中晚期还出现了高效的母钱翻砂铸造工艺，预示着新的技术革命的到来。

第一节 五铢的终结——隋朝

公元581年,北周外戚杨坚称帝,定国号隋,不久隋统一全国。隋文帝杨坚励精图治,确立三省六部制,创立科举制度,整顿税法,奖励生产,开创了"开皇之治"的繁荣局面,对后世产生了极大影响。公元605年,隋炀帝杨广即位后,修建了贯通南北的大运河,促进了南北的经济交流。

隋文帝像

中国古代货币简史：青少年绘画版

隋文帝是历史上出名的节俭皇帝，"法令清简，躬履节俭"，他的日用之物都是破损修补再用，轻易不换新的。

怪不得隋文帝在位时，人民安居乐业，社会一派繁荣呢！

　　隋文帝建国后，对混乱的币制进行整顿，于开皇元年（公元581年）改铸"开皇五铢"，又称"置样五铢"。以前的旧币被废止，人们必须使用标准的隋五铢。隋五铢制作精良，边缘较宽，钱文为篆书。隋五铢是南北朝统一后的法定货币，也是铢两钱时代最后的代表。

隋五铢

84

隋炀帝在位时，内外举措过度消耗国力，引发了权贵阶层和民众的不满。公元618年，隋炀帝被叛军杀死，太原留守唐国公李渊趁势建立唐朝，不久隋朝灭亡。因为隋五铢的"五"字靠近穿孔处有一道竖线，当钱币逆时针旋转90度时，似像"凶"字，当时人认为这是不祥之兆，预示隋炀帝为万古凶人，故后世人们将隋五铢戏称为"凶五铢"，借此附会隋的灭亡。

置样五铢

《隋书·食货志》记载：开皇三年（公元583年）四月，隋文帝下诏给四方诸关，每处置放百枚五铢钱为样板。从关外来的人，要被检查所带钱币，其钱币与样钱轻重大小相似才能通过。与样钱不同者，即被视作劣币，将被熔化为铜，收入官府。这里的样钱即开皇五铢，后世又称其为"置样五铢"。

第二节 宝钱的发端——唐朝

一、开辟货币新纪元

唐高祖李渊于公元618年称帝,改元武德。武德四年(公元621年)废除了行用700多年的五铢钱,铸造了新式的开元通宝钱。形制上继承了北魏钱币及隋五铢风格,内外有郭,大小仿汉五铢,钱径2.4厘米,重约4克,钱文为八分隶书,由书法家欧阳询题写。

开元通宝

欧阳询《九成宫醴泉铭》

欧阳询我知道,他是唐朝鼎鼎大名的书法家,与虞世南、褚遂良、薛稷三位并称"初唐四大家",其书法世称"欧体",由他书写的"开元通宝"字体浑厚大方,将八分书和隶书精妙地结合在一起了。

注意,开元通宝可不是年号钱,只是凑巧和后来李隆基的"开元"年号"同名"了而已。"开元"是指开辟新纪元,"通宝"指通行宝货。从名字里就透出大唐王朝开疆拓土的气派和繁荣昌盛的社会风貌。

开元通宝钱,在我国货币史上具有划时代的意义。第一,自此以后,中国的币制正式脱离以重量为名的铢两体系,而改称"通宝""元宝""重宝"等,进入"宝文钱制";第二,固定了四字钱文模式,书体以隶、楷为主;第三,我国以十进位的一两十钱制自此开始。开元通宝开创了中国铸币的新纪元,成为后世近1300年铸钱的楷模。

此外,开元通宝还对当时的周边国家和地区产生了重要影响,日本、越南、朝鲜等国及西域地区都仿造而行,成为整个东方货币文化体系的铸钱标准。

以日本的"和同开珎"钱为例,这是日本模仿大唐开元通宝而铸造的铜钱。珎,一种说法同"宝"字,是繁体字"寶"的异体字;另一种说法同"珍"字。"和同开珎"于唐玄宗开元年间流入中国,是邻邦流入中国最早的方孔圆钱。

日本的"和同开珎"钱

中国古代货币简史：青少年绘画版

不止是货币，文字、建筑、绘画等很多领域的盛唐文明，都是东方众邦学习的楷模！

鉴真和尚像

大唐和尚鉴真先后五次东渡日本，均未成功。公元 753 年，已双目失明的鉴真带着弟子第六次东渡，终于到达日本。他带去佛教经典以及建筑、雕刻和医学等知识，对促进中日文化交流和日本文化的发展作出了很大贡献。

二、"飞钱"的诞生

唐朝的飞钱也称作"便换""便钱"。唐朝中期，商人外出经商要带上大量铜钱，既不方便也不安全，于是就先到官方开具一张纸券凭证，上面记载着地方名称和钱币的数目，之后持凭证到异地去提取钱款。这个凭证就是"飞钱"。这一过程无须运输，凭纸券就能取钱，就好像钱无翅而会飞一样。实质上是一种钱币异地兑换业务。

飞钱为何诞生于唐朝呢？第一，盛唐时期经济繁荣，大宗商品的远距离贸易频繁，铜钱流通量和流通速度激增，朝廷对铜钱的运输采取严格限制；第二，大额交易和长途贩运时，铜钱值小量大，不易携带，而且路上易被强盗打劫；第三，应对"钱荒"；第四，造纸和印刷技术发达。综合上述原因，唐朝商人从日常商品交换过程中，基于彼此之间的信用，发明了"飞钱"这种新型汇兑办法。

飞钱是中国历史上最早的汇兑业务形式，对后世影响重大，后来的纸币（交子）和有价证券（茶引、盐钞）都是以此为源头。飞钱的使用方便了大额铜钱的流通，也缓解了铜钱不足（即钱荒）的问题。

"飞钱"卡通图

1. 钱币都有什么别称？

古人给钱币赋予了很多别称和雅称，我们来看看都是什么。

泉：古音"泉"与"钱"通。钱称"泉"始于周朝，当时管理财政的机构名为"泉府"，说明古人希望钱币通行如泉流不竭、源源不断。秦朝时，因法定货币半两钱的形制外圆内方，含有"周流四方"之意，故"泉"便泛指外圆内方的方孔钱。以泉替代钱，始于王莽时期。他发行的货泉、布泉、小泉直一到大泉五十的六泉等货币，都用"泉"命名。后世文人因泉较钱字风雅淡泊，尤喜称钱为"泉"。直至今天，"泉"字的这种含义仍在被使用，如钱币收藏称为"藏泉"，钱币收藏爱好者之间互称"泉友"。

孔方兄：本书中已作介绍。

青蚨：本书中已作介绍。

阿堵物：故事出自《世说新语》：南北朝名士王夷甫（即王衍）为人清高，从不提"钱"字。他的妻子想试试他，就趁他熟睡时让婢女拿钱把床围起来。王夷甫醒来后气得连叫婢女"举却阿堵物"。"举却"是拿开的意思；"阿堵"为六朝人口语，意为"这，这个"。从此"阿堵物"就成了钱的别称。

白水真人：西汉末年，外戚王莽篡权，建立新朝，铸行钱币货泉。将"货泉"钱文拆解，则其中的"泉"字可以拆解为"白水"二字，"货"字的繁体字"貨"可以拆解为"真人"二字，读作"白水真人"。时至刘秀在南阳郡白水乡起兵反莽，借"货泉"拆读之意，以"白水真人"为受命中兴之兆。刘秀建立东汉政权后，对货泉情有独钟，继续沿用达16年之久。所以"白水真人"也就成为

"货泉"的别称。

货泉

钱币还有其他别称，这里就不多做介绍了，感兴趣的读者可以自己去寻找一下。

2. 进奏院与"飞钱"

进奏院是唐朝后期地方藩镇在当时京城长安的驻京办事机构。

唐宪宗时期，全国各地的商人进京从事贸易，并将赚得的钱存放在各个地区的进奏院，进奏院便出具一个凭证给存钱的商人，称为"牒券"。这种牒券分为两半，一半由存钱的商人收存，一半由收取钱币的进奏院寄往本道或外地相关机构，商人便可以轻装上路，到了取款地点，合券核对无误，即可如数取回自己的钱款。这种牒券被称为"飞钱"。

3. "模范"与铸钱

有一种制作铜钱的方法叫范铸法。铸钱时先用陶、石或金属等材料制作出钱币模具，这种模具被称为"范"，制钱的范就是钱范。之后，再将熔化的铜水注入钱范之中，待冷却后取出铸就的钱币。"模范"一词由此而来，并衍生出"规范""标准"之意。

新莽大泉五十铜范

陶范

第三节 暂时的衰退——五代十国时期

公元907年，唐朝灭亡，中国历史又进入一段大分裂时期，即五代十国时期。五代是指占据中原地区的五个朝代，依次为后梁、后唐、后晋、后汉、后周；十国是对南方多个割据政权的俗称，分别是吴、南唐、吴越、楚、闽、南汉、前蜀、后蜀、荆南（南平）和北汉。在这段历史时期里，由于政权更替极为频繁，钱币种类极多，质量参差不齐、币值变换混乱。50多年里，各国竟先后铸造了30多种货币，除铜钱外，还有铁钱、锡钱、铅钱，甚至有泥做的钱！

五代十国所铸钱币大部分为年号钱，仅个别政权铸行国号钱。国号钱是以"国号"加上"通宝"为钱文的钱币。包括后汉的汉元通宝、后周的周元通宝、后蜀的大蜀通宝，以及南唐的唐国通宝、大唐通宝等。

周元通宝

唐国通宝

其中，五代后周世宗柴荣，于显德二年（公元 955 年）效唐武宗之法，销毁天下寺院的铜佛，铸行"周元通宝"国号钱。此钱是五代十国时期铸造最多、做工最精美的钱币。因为周元通宝是用佛铜铸的，所以衍生出此钱能治病的说法，民间私铸颇多。

周元通宝压胜钱

唐末，割踞幽州（今河北地区）的刘仁恭、刘守光父子铸造的永安铁钱，有永安一十、永安一百、永安五百、永安一千四种。永安钱开了五代十国铸大钱、铁钱的滥觞，影响深远。刘守光曾号"大燕皇帝"，还曾铸"应圣元宝""应天元宝"等各式铁钱，大都是粗制滥造。

五代十国时期是中国货币制度最乱的时代之一，也是中国铜钱走向极盛过程中的一个过渡阶段。

永安一千铁钱

1. 安史之乱及相关货币

公元755年至公元763年，唐朝将领安禄山与史思明发动叛乱，这场内战使唐朝人口大量丧失，国力锐减，成为唐朝由盛转衰的转折点。因为发起反唐叛乱的指挥官以安禄山与史思明二人为主，史称这一事件为"安史之乱"。

史思明于唐乾元二年（公元759年）在洛阳称燕帝，年号顺天。他先铸得壹元宝钱，钱径3.6厘米，重12.5克。规定1枚可当开元通宝100枚，实为敛财。后嫌"得壹"似"只得一年"之意，非长久统治的预兆，故毁弃，改铸顺天元宝年号钱，意为顺天应人以据大宝。顺天元宝钱径3.6厘米～3.9厘米，重18克～21.5克，也是1枚可当开元通宝100枚。因为得壹元宝铸行期短，数量稀少，故后世有"顺天易得，得壹难求"之说。

得壹元宝

第四章 盛世宝钱——隋唐时期的货币

顺天元宝

2. 会昌开元

唐武宗会昌年间，为减轻财政负担，诏令废灭天下佛教，拆除各地寺院，烧毁佛像等，用以铸钱。淮南（今江苏扬州）节度使李绅率先铸造并进呈一种背面铸有"昌"字的"开元通宝"钱，以纪年号"会昌"。会昌五年（公元845年），朝廷下令各地所铸开元钱均于钱背增添地名，统称会昌开元。据统计，会昌开元背文有23种。

会昌开元，背文"京"

3. 钱荒

钱荒是指流通中的钱币不够用，影响到经济发展和百姓的日常生活。随着经济的发展，市场上对铜钱的需求不断增加，钱变得不够用了，物以稀为贵，于是就有人开始囤积铜钱，市场上可流通的铜钱就更少了。铜钱变少，造铜钱的原料铜随之涨价，造钱的成本太高，使得政府无力铸造更多铜钱，如此恶性循环，直接导致市场中"没钱用"。

政府想出了各种办法，应对钱荒：

① 禁铜——民间不许铸造铜器，政府严令"盗铸者死"，以节约铜料；

② 禁储钱——规定富人不许藏钱，超过 5000 贯就是死罪；

③ 禁止出境——禁止商人带钱出关、出境，防止铜钱外流；

④ 钱帛兼用——鼓励用绢帛当钱用。

半匹红纱一丈绫，
系向牛头充炭直。

唐朝仍旧采用"钱帛兼行"的货币制度。流通中的铜钱不够用，绢帛起到了支付的作用。

4. 丝绸之路

丝绸之路指起始于古代中国，连接亚洲、非洲和欧洲的古代陆上商业贸易路线，是一条东方与西方之间进行经济、文化交流的主要道路。它的最初作用是运输中国古代出产的丝绸。因此，当德国地理学家李希霍芬最早在 19 世纪 70 年代将之命名为"丝绸之路"后，即被广泛接受。

丝绸之路分为陆上丝绸之路和海上丝绸之路。

5. 丝绸之路上的商人——昭武九姓

昭武九姓，也称"昭武九姓"国，是中国隋唐时期中亚西部的十多个小国的统称，包括康、安、曹、史、米、何、石、火寻和戊地等国。他们处在古丝绸之路上，世代善于经商，和中国通商很早。唐代在中国的外商，以昭武九姓人最多。

撒马尔罕康国铜币

胡人骆驼俑

6. 外来物产

丝绸之路把中华的优秀文明传播到了西方。与此同时，外国商人们也带来了大量中亚地区的物产和风俗，很多已经融入到了今天的生活。我们来看一看，这些物产都有什么？

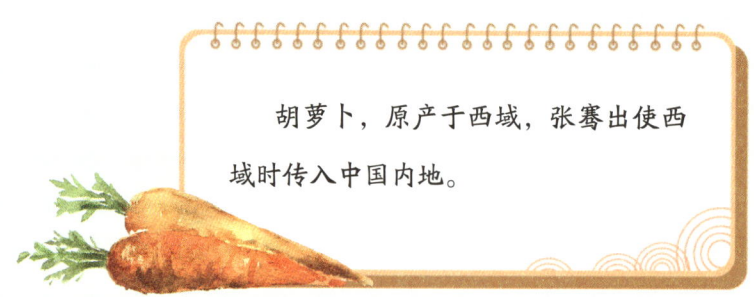

胡萝卜，原产于西域，张骞出使西域时传入中国内地。

第四章 盛世宝钱——隋唐时期的货币

唐朝《酉阳杂俎》一书中称：胡椒出自摩伽陀国，呼为昧履支。胡椒可能在魏晋前便为中国所知晓，但大规模传入中国的时间是在唐朝。

胡瓜，即黄瓜。张骞出使西域时得到它的种子并带回国，后改称黄瓜。

大蒜，又称"胡蒜"，是通过丝绸之路传入我国内地的西域物产之一。

小茴香，是一种常用香料，为丝绸之路上交流的物产之一。

西瓜，又名"寒瓜""灵瓜"，原产于非洲，经丝绸之路传入新疆，又由新疆传入中原。10世纪时，新疆西瓜经过今河西走廊传入华北。

第四章 盛世宝钱——隋唐时期的货币

石榴，原产于中亚，西汉张骞出使西域时从西域带回来石榴种子，栽植于古长安（今陕西西安）一带。

胡琴，西域乐器，张骞从西域带回，后经改进，发展为现在的二胡、京胡、板胡、高胡等。

狮子原产于亚洲西部和非洲，东汉章和元年（公元87年），安息（今伊朗）国王派商队沿丝绸之路把狮子作为礼物送给章帝，自此传入中国。被称为"兽中之王"的狮子具有威猛的外表，它传入中国后渐被人们奉为辟邪瑞兽。

此外，核桃、苜蓿、葡萄、汗血宝马、琉璃等都是从西域引进来的。

我知道啦，原来带"胡"字的物产有很多是外来的！

参考文献

[1] 彭信威. 中国货币史 [M]. 上海：上海人民出版社，2007.

[2] 马飞海. 中国历代货币大系1：先秦卷 [M]. 上海：上海人民出版社，1988.

[3] 王永生. 钱币史话 [M]. 北京：社会科学文献出版社，2016.

[4] 王永生. 三千年来谁铸币：50枚钱币串联的极简中国史 [M]. 北京：中信出版社，2019.

[5] 王纪洁. 中国古代物质文化史·货币 [M]. 北京：开明出版社，2018.

[6] 任双伟. 货币里的中国史 [M]. 北京：世界图书出版公司，2018.

[7] 高英民. 中国古代钱币 [M]. 北京：学苑出版社，2007.

[8] 汪锡鹏，殷叔平. 钱的故事 [M]. 北京：华文出版社，2009.

[9] 张一晗. 钱趣儿：读钱就是读历史 [M]. 长沙：湖南少年儿童出版社，2018.

[10] 石俊志. 中国古代货币法二十讲 [M]. 北京：法律出版社，2018.

[11] 北京市古代钱币展览馆，北京市钱币学会. 泉海撷珍：中国历代钱币精品集 [M]. 北京：北京燕山出版社，2013.

[12] 北京市古代钱币展览馆. 北京市古代钱币展览馆钱币知识讲座论丛（一）：聚德揽胜话方圆 [M]. 北京：学苑出版社，2014.

[13] 湖北钱币博物馆，湖北省钱币学会. 湖北钱币博物馆藏品选 [M]. 北京：

文物出版社，2013.

[14] 沈泓. 钱币里的中国 [M]. 北京：中国青年出版社，2017.

[15]《中国钱币大辞典》编纂委员会. 中国钱币大辞典：先秦编 [M]. 北京：中华书局，1995.

[16] 司马迁. 史记 [M]. 北京：中华书局，2014.

[17] 班固. 汉书 [M]. 北京：中华书局，2012.

[18] 范晔. 后汉书 [M]. 北京：中华书局，2012.

[19] 房玄龄，等. 晋书 [M]. 北京：中华书局，1996.

[20] 魏徵，等. 隋书 [M]. 北京：中华书局，1997.

[21] 欧阳修，宋祁. 新唐书 [M]. 北京：中华书局，1975.

[22] 刘义庆. 世说新语 [M]. 朱碧莲，沈海波，译注. 北京：中华书局，2011.

[23] 宋应星. 天工开物 [M]. 夏剑钦，译注. 长沙：岳麓书社，2022.

[24] 段成式. 酉阳杂俎 [M]. 张仲裁，译注. 北京：中华书局，2017.

[25] 马克思. 资本论 [M]. 郭大力，王亚南，译. 南京：译林出版社，2012.

[26] 丘光明，邱隆，杨平. 中国科学技术史：度量衡卷 [M]. 北京：科学出版社，2001.

[27] 蔡运章. 论商周时期的金属称量货币 [J]. 中原文物，1987（3）.

[28] 石俊志. 试论战国秦汉黄金衡制的演变 [J]. 中国钱币，2007（4）.

[29] 刘玉峰. 唐代货币制度和货币流通浅论 [J]. 山东大学学报，2002（6）.

中国是世界上最早使用货币的国家之一。中国古代货币在形成和发展的过程中，先后经历了五次非常重要的演变：由自然货币向人工货币的演变；由形制不一向统一形制的演变；由地方铸币向中央铸币的演变；由文书重量向宝货制的演变；由金属货币向纸币的演变。本书主要介绍先秦至隋唐时期的货币。宋朝至清朝的货币将在本书的第二辑中进行介绍。

编者在北京市古代钱币展览馆工作多年，策划和举办过多个古代货币主题的展览，如"龙行天下——钱币上的中国龙""丝路币语——丝路古国钱币文化""戎刀燕币——尖首刀币起源的故事"等展览。在办展过程中，编者发现不少青少年前来观看展览，并对中国古代货币产生了较大的兴趣，询问了很多和古代货币有关的问题。有鉴于此，编者产生了为青少年编写一本中国古代货币简史读物的想法，于是便有了此书。

本书的出版，离不开首都博物馆柳彤老师的悉心审订，离不开国家博物馆齐吉祥老师、首都博物馆王显国老师、中国钱币博物馆王纪洁老师等多位专家学者的细致指导，以及华夏古泉网等单位提供的图片支持，在此一并表示衷心的感谢！

　　由于编者水平有限，书中难免存在疏漏和不当之处，敬请方家不吝赐正，以便再版时修改完善。

编者

2023 年 5 月 25 日